BERNARD LONG

anima

photographie

                    du ciel

***
*   *
*
            c'est une jolie photo

le reflet du ciel dans mon appareil photographique

                    un double très ressemblant

unique
ultime

                    un reflet

                        reflet
                        reflet
                        reflet

le négatif aussi s'efface

            mon œil a perdu la mémoire

                    du ciel

je suis le cosmonaute triste au dessus de la lande
l'église rose granit croule d'hortensias je mange un croissant au beurre

prends la jumelle

par la brèche on aperçoit la terre et la Bretagne

bleue

l'amiral en silence
traverse le ciel sur une barque neuve

mille oiseaux affluent

oh ! marine

les flottilles clapotent la nuit

et des monstres éteints fouillent la rade

la pluie sur les matelots
en pleurs
les colorent en pastel

un goéland œil rond
me juge

 oh ! marine

que cesse le phare incessant de l'île

les espaces vert sombre
l'ombre des arbres en gris

le petit **étang** des grenouilles embaume

néon posé sur la vitre

pupille ouverte comme un silence

œil fardé d'antimoine les cils mouvants s'irisent

l'arum évasé blanc coule l'eau le chant des élytres

sur l'herbe les tiges se balancent

à la brise

les étamines dans la pénombre

s'allongent à la nuit

à l'envers je plonge et m'enfonce en un bain monochrome

dans la mer pullulent les *rubiacées* et les algues

mon **bonnet de nageur** est sur l'affiche
encore neuf

les **nourrissons** ont des tubes à l'ombilic
pour pêcher la crevette
et des masques à oxygène pour observer les rochers

les poissons mâchonnent du **varech**
les yeux fixes

l'eau tiède
les coraux
mes sandales
et **mon petit filet bleu**

et zou la lumière laisse une ombre allongée dans le parc les clapotis de l'eau tapent
à la vitre
nuages à crever d'eau bleue mes bottes et mon kabig
les crabes marchent de travers dans les mares
le sentier descend à pic à Trestignel
fleuri
l'autocar s'est éloigné déjà

les cris des enfants
les mouettes

doucement le soir tombe
les ruines mouillées des douves luisent
le reflet des tours dans l'eau les double
bengales dégoulinant sur les hauts murs

la **nuit** aussi rumine comme un vieil arbre

les chemins fusillent les heures

tu coupes le vent avec ton canif mais il file plus vite encore

soit !

le petit hôpital minable sent la cigarette froide

les ombres s'allongent sous les néons

un cargo indigo fonce dans le métro

en plastique

mon petit pistolet à eau

usé   plouf

alors

j'attends ce train neuf au fond du jardin

la lune au soir s'est éloignée
brillante un disque oblong taillé dans le salpêtre
les papillons patauds silencieux nyctalopes
aspirent les cristaux d'un kaléidoscope
l'ombre dans le chemin vacille
scintillement salin
phosphorescente baie
d'une mer à la menthe
c'est un enfant qui dort
silence
les capitules mauves des artichauts
de l'or
se balancent
comme un berceau
dans l'été

au fond du jardin les framboisiers
la patinette est si rapide dans la descente
le buis creux et à la balustrade l'odeur sucrée délicieuse du sureau en fleurs

la lueur est si claire que les chats se cachent sur les dahlias

lune allumée

elle ouvre

l'

      porcelaine

         bleu

            l'iris

sur la mare

        l'image inverse

exacte

        éparpillée

3 fois

par l'astre

        aux pieds

          des renoncules

là où les escargots passèrent le sol luit encore
bébé dort dans les feuilles et le coton
la pie assise au fond du chapeau lit
un ancien cahier bleui
le **groseillier** fond dans l'averse
sur le miroir la mère au sein ballon
s'inverse
les lèvres humides sur l'enfant nu

       moralité

le bébé et la maman ne devraient pas subir de séparation, pour permettre au bébé de prendre le sein quand il le désire, toute de suite après la naissance ou une heure après

les nuages filent au dessus de l'Allemagne
au fond du puits pâli
les gouttes blanches font un bruit
d'eau sur la céruse
au jardin l'hortensia se froisse
sous la pluie
                une lune de miel
                sous le sureau
les escargots
bavent des fils irisés
je vois les tendres coquelicots
froissés
sur la lagune

les **iris** luisants sous la pluie
bleus

la pupille a versé

la cataracte abrupte
d'un fleuve **hydraulique**

les gouttes roulent
des perles à vau **l'eau**
d'un sanglot **botanique**

un reflet d'iris dans l'onde
la toile d'arachnide
déteint sur l'eau bleuie
nuage d'absinthe à reculons

ah !
l'iris
page trente six de ma nomenclature
tendre et croquant
sur **l'herbe**
unique et défroissé
humide

avance encore comme un **néon** dans la nuit

les **ptérophores** assoupis ont déjà arrosé le sol et frotté le sable de leur palme

les oiseaux amovibles

cibles

sur les bateaux

se taisent

glissant entre les crocodiles

amphibies

sur le toit du temple le soleil plonge comme un goéland dans l'eau
les sables au loin
ciel d'ocre
infiniment
le pécheur lent
s'éloigne
un œil astral
à l'horizon
je marche seul sur la petite grève les mouettes dégoisent sur le toit de l'hôpital les
chalutiers caracolent le bateau de sauvetage descend sur la rampe les marins portent
des cirés jaunes ça sent l'algue le mazout et la gaufre

je pleure

des perles lunaires
des éclats me délavent le cœur

*Le disque disque **disque***

est une

***crépuscule** oriental*

    porteurs nubiles

        de croissants au beurre

et d'ostensoirs

    disque

      en plastique souple
    rose

là haut

    sur l'immeuble

    immense

     au soir

un reflet de néon pâle
dans l'eau

les **lotus** *roses*

et ce regard tendre au cœur qui m'infuse

je n'ai ni le cœur à crier ni à plonger mon corps dans le nuage du soir
quand vient le rayon vert à l'horizon
je n'ai ni l'espoir de cracher des feux d'artifice dans la mer
ni de marcher sur les mains
je demeure sur un château de sable
à inspirer lentement le sel bleu des vagues

Comme un doigt mouillé sur le **cristal**
    j'entends la voix
    sur la mer
    au loin
      ce rayon vert

comme un cristal mouillé
la voix marine
un quartz
    et la
    rive opaline
      blanchit l'eau

comme une ombre
    colloïde de cristal

les galets les falaises la craie a coulé blanche c'est la nuit les petits jardins pâles
illuminent les étoiles

des éclats de lune explosent dans la mare
je patauge

le ciel a neigé en éclats

bleu nuit

endormie
sur l'**affiche**

le sein clignote
bronzé

la crème écran total

pas un *silence* ne m'échappe
je reste comme une toupie folle
aspiré par l'heure accélérée
stupide

et je mime un sourire

la femme aussi m'obsède
sur l'affiche
la tête prête à exploser

c'est le **CHANT**

d'un oiseau

fou

qui transfuse le ciel

fou

on

voit à travers

comme dans l'eau

c'est le CHANT   d'un

oiseau   étoilé

dans

la neige

il a saigné

le fou

sur la neige

c'est un

OISEAU

de NEIGE

je jette des boules de neige
le bonhomme gobe des oiseaux
sur les falaises

les perles de nuit sont des éclats du cœur

je tangue et je répète en ma **mémoire** le chant englouti des âmes marines
    disparues
l'église sonne sous la mer
une ombre passe
les algues fuient
tant de jours parcourus
pluie d'hiver
je rêvasse
aux côtes de Normandie

j'entends un air ancien

un chant mauve qui bouillonne à mon cœur
glacé qui m'inonde
je ne peux avancer

par le hublot la neige

tes yeux ta bouche et les **étoiles**
les hirondelles de Norvège
les vagues et les bateaux à voile
la fille à la
small bottle of Coca Cola

les bulles sucrées au fond du verre
la bouche rouge sur l'affiche
des allumettes sur la mer
les amoureux sur la corniche
et tout là-bas
la black woman of Coca Cola

tu me souris sur la péniche
tes yeux immenses entr'ouverts
si tu savais comme je m'en fiche
du vent glacé dans le désert
et j'aperçois
the woman of Coca Cola

je te dessine sur une toile
tes néons et tes sortilèges
je te peindrai jusqu'à la moelle
femme d'affiche prise au piège
la fille à la
small bottle of Coca Cola

si triste un chant

souffle un courant d'air

in my mind

a draft

sternutatoire

l'âme est chassée

gemme d'azurite

attention

la voix sous marine des mâles s'est tue
grave et basse

quel langage
et ces deux cordes vocales si tendues nacrées

souvenir étrange des videocassettes

recording time 120 min

superbe en couleurs

la voix

une onde jaune pâle goménolée à peine

les yeux   aussi

dans le soir eux aussi sous les feuilles de chêne

et dans le soir aussi les œillets oculaires
les menthes les sauges le thym vernaculaires
et aussi dans le soir les yeux noirs en ébène

la mémoire est un lys très long qui nous enchaîne
un soir si loin des yeux il se sent solitaire

    plongeur créole

        dans la fluorescence

des ciels violets de candidine

l'écho d'un painful song

ricochant dans les flaques

    de pluie de mer

en ville un aquarium les passants portent des tubas immenses en plastique souple
les voitures voitures voitures écrasent les algues les crabes en roulant trop vite

rêve assoupi sur le strapontin de cuir vert les voitures voitures voitures klaxonnent
devant les pêcheurs aux bottes mouillées dans les cafés louches du port

je demeure sur le strapontin de cuir confortable et m'endors

la ville est creuse comme une cerise juteuse qu'on regarde à l'envers

oh mon humide amie
sous l'âme affalée
s'en est allée
le temps de la vie
derrière les vitres
crisse un élytre
cassé de Phénicie

les maillots des pêcheurs
alignés sur le fil
invisible et gracile
clapotent dans la fraîcheur
l'ombre bleue des oiseaux
file en silence à gogo
je reste seul à Honfleur

oh mon humide amie
les vagues translucides
lentement se dévident
sur le sable d'une mélodie
les chants lointains des algues
flottent au gré de ton galbe
et tu t'es endormie

j'entends battre ton cœur
les enfants passent
tu te prélasses
et moi je meurs

j'entends battre ton cœur
les enfants passent
je me prélasse
et toi tu pleures

tu brilles au plafond de ma chambre
collée sur le ventilateur
Néphtis alanguie
je suis éparpillé dans tous le nomes de France
j'ai mal de toi
image aimée
mère sœur et fille
amante et vierge belle noire couchée

que vienne nageant entre les algues
l'abominable oxyrhynque
et tranche un jour
le poids du lien secret
qui nous attache

une sève de plante de lune
monte encore
et m'envahit
je suis muet
la nudité
aux lèvres rouges

que cet amour s'allège
de chair de cœur
total
sans envie sans aigreur
libre de nostalgie

dans le petit tramway

la lente agonie des algues s'éternise
les réclames défilent
une aussi pâle enfant sur la banquette
sourit
flaccide

dans le petit tramway

la nuit translucide bleuit
les néons défilent
l'hôpital
une aussi pâle enfant sur le sable
et son petit seau

dans le petit tramway

les étoiles et les oiseaux
la mer et les filets
la pâle enfant
dans la mare
pêche des bigorneaux
rosés

dans le petit tramway

les algues

la **cerise**

était creuse

$\qquad\qquad\qquad$*au fond*

la ville

$\qquad$*et ses petites motos*

$\qquad\qquad\qquad$*les arbres*

$\qquad$*le cinéma ancien*

$\qquad$*les lampes à huile et mon journal de Spirou*

$\qquad$*les photos de mon père*

$\qquad$*un trou*

$\qquad\qquad$*le ciel à l'envers*

$\qquad$*et la belle aurore boréale*

$\qquad\qquad$*sur la jetée*

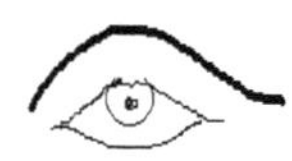

ombres

la mare

ombres   *ombres*

ombres

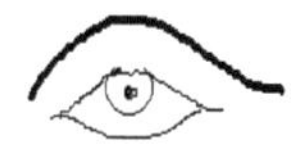

je te vois

coucher de soleil

rond l'œil du faucon
        sous la lune immense

une trace de ferritine *ocre*
            par le ciel
                coulée de mercurescéine
        sur les gazons de taraxacum

en **scopie**

WAS ?

ich sehe dich

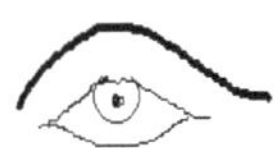

dans mes jumelles

le cœur au bord des lèvres
                    l'amour les 2

        le muscle
le jet de sperme superbe dans la nuit

        un éclair folliculine

chorion les cils vibratiles mauves de lumière

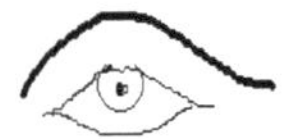

        le bel observatoire   *!*

!!!!!!!!!!!!!!!   !!!!!!   *pour*

        le voyeur aux jumelles discrètes

ce matin une carte du Canada

        Toronto in Winter
        et Quimper aussi

ah !

        zut

                des flocons sur la vitre

la falaise /j'étais /sur/la jetée/sur/la falaise/l'eau de la
mer émeraude /l'émeraude sur la falaise/ la mer sur la
jetée/tant aimée

ce sont deux activités absolument complémentaires des perfectionnements l'harmonie
immunologique cellulaire

quel amour quel amour quel amour

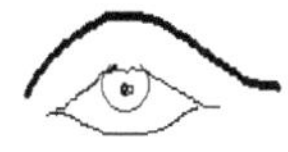

un nuage de vapeur d'aluminium

la bouche

le corps a fondu si tendrement qu'on aimerait qu'il vive encore encore

et encore

ombres

la photographie est parfaitement réussie

soupir

le **gel fluo** se fige en l'air

derrière le plexiglas au permanganate

l'amante

en chromatographie

douce la glaire aussi

à la lune

est féconde

        la jeune nullipare se défroisse

             en rêve

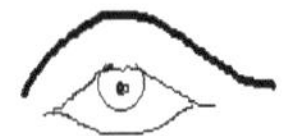

                  ombres

                    j'éteins la lampe du petit

                            kaléidoscope
                            kaléidoscope
                            kaléidoscope
                            kaléidoscope

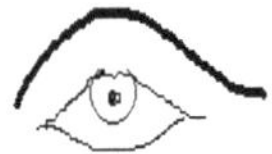

de la terre est illuminée au centre

solitaire
le marcheur ityphallique

chante une mélodie secrète

la ronde bleue des hélices superbes
irise le sol comme une eau sous le vent

une lune
a fleuri intraveineuse

la **fleur**
de sang
est hépatotoxique
piquée à l'artère

plongeur aveugle
tu dors hypnotisé
les molécules se carambolent
vibrent les numineuses aurores
au fond des **hématies**

pas un souffle dans cette clairière
intraveineuse
en hypoxie

oh !
le chant épais des pleureuses
et des **anémones cellulaires**
profond
si grave

vite il faut vite inspirer
prendre l'air au ciel
les nuages
je prends une paille et je ferme les yeux

l'oxygène est un gaz inouï si rare sous les feuilles les oiseaux une douche fraîche les
poissons gonflent les ouies dans les roseaux l'herbe aquatique l'élégant nautile
dessine un feu de chlorophylle

plonge ton corps dans cet bulle pulmonaire
défroisse ainsi ton âme comme un lambeau séché sous le soleil
soudainement arrosé
abreuve ici cet arbre mort presque
prêt à gonfler sa sève

j'imagine des plages lunaires
et je respire à fond l'air est si fort que les alvéoles me brûlent frisson glacé

dehors le sodium fuse dans l'eau
et flambe

mais

maintenant
je vis encore

comme un sommeil en plein jour